CONOCE TU GOBIERNO

¿QUÉ HACE EL CONGRESO?

KATHLEEN CONNORS

TRADUCIDO POR ESTHER SARFATTI

Gareth Stevens PUBLISHING

ENCONTEXTO

Please visit our website, www.garethstevens.com. For a free color catalog of all our high-quality books, call toll free 1-800-542-2595 or fax 1-877-542-2596.

Cataloging-in-Publication Data

Names: Connors, Kathleen.
Title: ¿Qué hace el Congreso? / Kathleen Connors.
Description: New York : Gareth Stevens Publishing, 2018. | Series: Conoce tu gobierno | Includes index.
Identifiers: ISBN 9781482462654 (pbk.) | ISBN 9781482462661 (library bound) | ISBN 9781482462630 (6 pack)
Subjects: LCSH: United States. Congress--Juvenile literature. | Legislative power--United States--Juvenile literature. | Legislation--United States--Juvenile literature.
Classification: LCC JK1025.C66 2018 | DDC 328.73--dc23

First Edition

Published in 2018 by
Gareth Stevens Publishing
111 East 14th Street, Suite 349
New York, NY 10003

Translator: Esther Sarfatti
Editorial Director, Spanish: Nathalie Beullens-Maoui
Editor, English: Kristen Nelson
Designer: Samantha DeMartin

Photo credits: Cover, p. 1 Orhan Cam/Shutterstock.com; series art MaxyM/Shutterstock.com; p. 5 Library of Congress/Corbis Hospital/Getty Images; p. 7 Stock Montage/Archive Photos/Getty Images; pp. 8, 9, 19 Bettmann/Bettmann/Getty Images; p. 11 Hulton Archive/Hulton Archive/Getty Images; p. 13 (map) Electric_Crayon/DigitalVision Vectors/Getty Images; p. 13 (photo) Jewel Samad/AFP/Getty Images; p. 15 Bloomberg/Bloomberg/Getty Images; p. 17 MCT/Tribune News Service/Getty Images; p. 21 Jim Watson/AFP/Getty Images; p. 23 Stan Wayman/The LIFE Picture Collection/Getty Images; p. 25 Diana Walker/The LIFE Images Collection/Getty Images; p. 27 Ahmad Al-Rubaye/AFP/Getty Images; p. 29 (Clinton) Georges DeKeerle/Hulton Archive/Getty Images; p. 29 (Johnson) Library of Congress/Hulton Archive/Getty Images; p. 30 Joseph Sohm/Shutterstock.com.

Printed in the United States of America

CPSIA compliance information: Batch #CS17GS: For further information contact Gareth Stevens, New York, New York at 1-800-542-2595.

CONTENIDO

Las palabras del glosario se muestran en **negrita** la primera vez que aparecen en el texto.

TRES RAMAS

El gobierno de Estados Unidos está dividido en tres ramas. El Congreso es la rama legislativa, o la que hace las leyes. La **Constitución** de Estados Unidos divide el Congreso en dos partes: el Senado y la Cámara de **Representantes**.

SI QUIERES SABER MÁS

El presidente es el jefe de la rama **ejecutiva** del gobierno de Estados Unidos. El tribunal más alto de Estados Unidos, el Tribunal Supremo, encabeza la rama **judicial**.

RAMA LEGISLATIVA

RAMA JUDICIAL

RAMA EJECUTIVA

El Senado

El Senado tiene 100 miembros. Cada estado **elige** a dos senadores. El Senado es la cámara más pequeña, así que el voto de cada senador es muy importante. Los senadores prestan servicio por un período de seis años.

SI QUIERES SABER MÁS

Durante la **Convención Constitucional**, a los estados más pequeños les preocupaba no tener suficiente voz en el gobierno. Mediante un acuerdo, conocido como el Gran Compromiso, se creó el Congreso de dos cámaras para que todos los estados tuvieran voz.

Para poder servir en el Congreso, los senadores deben tener 30 años cumplidos, haber sido **ciudadanos** de Estados Unidos al menos nueve años antes de su elección y vivir en el estado que representan. Los senadores son elegidos por el voto popular de su estado.

SI QUIERES SABER MÁS

Cada año par hay elecciones, y la cámara del Senado se renueva por tercios cada dos años.

Alison
LUNDERGAN GRIMES
U.S. SENATE
http://www.alisonforkentucky.com

Los mandatos de los senadores son largos para que tengan tiempo de resolver problemas grandes. Así pueden considerar los efectos duraderos de las leyes. Los senadores no tienen un límite de mandatos, lo cual significa que pueden ser reelegidos muchas veces. De esta manera, tienen más tiempo para cumplir sus **agendas**.

SI QUIERES SABER MÁS

El vicepresidente de Estados Unidos es el presidente del Senado. En caso de empate en una votación, el vicepresidente puede emitir el voto decisivo.

VICEPRESIDENTE
AL GORE

La Cámara de Representantes

La Cámara de Representantes tiene 435 miembros. El número de representantes que tiene cada estado se basa en la población del estado. Los estados se dividen en zonas llamadas distritos congresuales. Cada distrito elige a un representante para que sirva en la Cámara.

SI QUIERES SABER MÁS

La Cámara de Representantes se creó como parte del Gran Compromiso, para que los estados de mayor población tuvieran más voz en una de las cámaras del Congreso.

Para ser elegidos a la Cámara, los representantes deben tener 25 años cumplidos, haber sido ciudadanos de Estados Unidos al menos siete años antes de su elección, y vivir en el estado que aspiran representar. Los representantes de la Cámara sirven por un período de dos años y pueden ser reelegidos.

SI QUIERES SABER MÁS

El líder de la Cámara de Representantes es conocido como el presidente de la Cámara. Los miembros de la Cámara lo eligen por un período de dos años.

PAUL RYAN, PRESIDENTE DE LA CÁMARA DE REPRESENTANTES

Los padres fundadores decidieron que el término de los representantes de la Cámara fuera corto porque querían **instar** en ellos la necesidad de resolver pronto los asuntos de sus distritos. Pensaban que si su término era demasiado largo, no le darían la importancia necesaria a las necesidades del pueblo.

SI QUIERES SABER MÁS

Los miembros del Congreso por lo general pertenecen a uno de los dos partidos políticos principales: el partido Demócrata o el Republicano. Pero pueden pertenecer a otros partidos también.

CONGRESISTA
JOHN LEWIS

Trabajo en equipo

Una vez elegidos, tanto los senadores como los representantes trabajan en comités, o pequeños grupos, dentro de sus respectivas cámaras. Cada comité se centra en un área del gobierno.

Los miembros de los comités, a menudo, son expertos en esa área.

SI QUIERES SABER MÁS

Algunos comités se **enfocan** en la educación, la agricultura y las relaciones de Estados Unidos con otros países.

Las dos cámaras del Congreso trabajan en conjunto para crear las leyes. Cualquiera de las cámaras puede presentar una propuesta de ley. Los comités trabajan en las propuestas antes de presentarlas al resto de la Cámara o el Senado. Ambas cámaras deben aprobar una propuesta antes de que el presidente la vea.

SI QUIERES SABER MÁS

Solo la Cámara de Representantes puede presentar una propuesta de ley que genere ingresos para el gobierno de Estados Unidos.

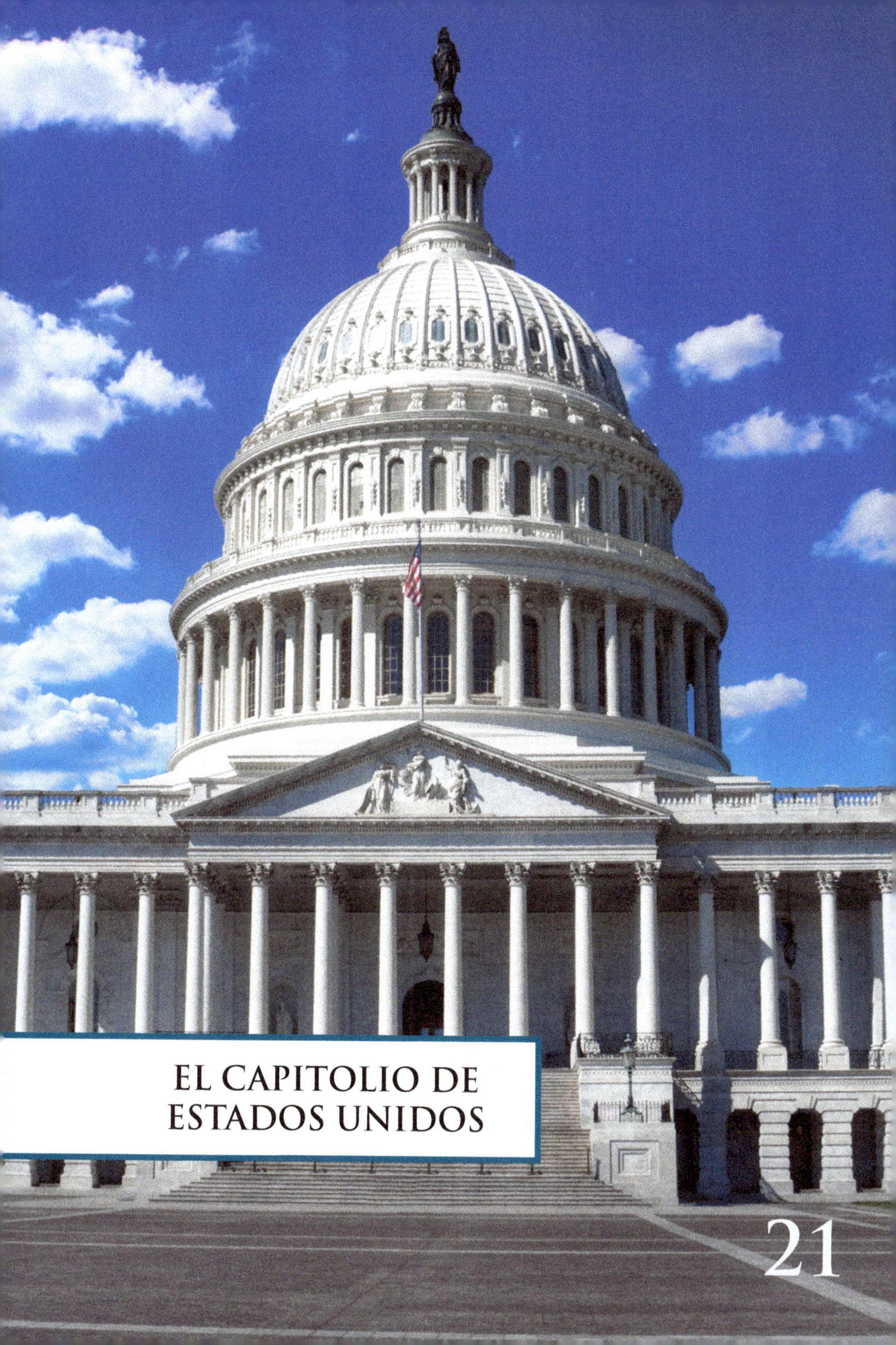

EL CAPITOLIO DE ESTADOS UNIDOS

Según la Constitución de Estados Unidos, el Congreso tiene otros poderes además de crear leyes. Puede crear impuestos, emitir dinero para el uso de los ciudadanos y **declarar** la guerra. La Constitución también menciona algunas cosas que el Congreso no puede hacer, ¡como coronar a un rey!

SI QUIERES SABER MÁS

La Constitución dice que el Congreso puede crear cualquier ley que considere "necesaria y apropiada" para el funcionamiento del gobierno.

EL SENADOR
CHARLES SCHUMER

Controles y equilibrios

El presidente equilibra el poder del Congreso cuando utiliza el veto, impidiendo que una propuesta se convierta en ley. El Tribunal Supremo se asegura de que las leyes sean fieles a la Constitución. Si el Tribunal Supremo declara una ley inconstitucional, esa ley se anula.

SI QUIERES SABER MÁS

El Senado controla y equilibra las funciones del presidente cuando vota a favor o en contra de las personas que el presidente elige para ciertos cargos, como los jueces del Tribunal Supremo.

Enmiendas a la Constitución

El Congreso puede **proponer** enmiendas, o cambios, a la Constitución. Para que se apruebe una propuesta de enmienda, deben votar a favor tres cuartas partes de ambas cámaras del Congreso. Esto no ocurre muy a menudo.

SI QUIERES SABER MÁS

Para que una enmienda pase a formar parte de la Constitución, tres cuartas partes de los estados tienen que ratificarla, o votar a favor de dicha enmienda.

YEA
NAY
PRES
OPEN

Velando por los estados

Aunque los miembros del Congreso trabajan en gran parte para el gobierno federal, también representan a la gente de sus estados. Los senadores y los representantes de la Cámara se esfuerzan por hacer oír la voz de esos ciudadanos y mejorar la vida en sus estados.

SI QUIERES SABER MÁS

Los miembros del Congreso pasan mucho tiempo en Washington, D.C., creando leyes, pero también pasan tiempo en sus estados para escuchar las necesidades de sus ciudadanos.

EL SENADOR
BERNIE SANDERS

MIEMBROS DEL CONGRESO

	CÁMARA DE REPRESENTANTES	SENADO
edad	25 años o más	30 años o más
tiempo de ciudadanía	al menos 7 años	al menos 9 años
duración del mandato	2 años	6 años
número de miembros	435	100
número de representantes por estado	de acuerdo a la población	2

Glosario

agenda: lista de cosas que uno quiere hacer o tratar.

ciudadano: alguien que vive en un país legalmente y tiene ciertos derechos.

constitución: las leyes básicas por las cuales se gobierna un país o estado.

Convención Constitucional: una reunión que tuvo lugar en 1787 para mejorar la Constitución original de Estados Unidos.

declarar: anunciar algo oficialmente.

ejecutivo: que tiene que ver con el cumplimiento de la ley.

elegir: votar por un representante para que gobierne.

enfocar: dirigir la atención a algo.

instar: pedir algo a alguien con premura o insistencia.

judicial: que tiene que ver con los tribunales.

proponer: plantear algo para su consideración.

representante: un miembro de un cuerpo legislativo que representa a los votantes, o actúa en su nombre.

Para más información

Libros

McAuliffe, Bill. *The U.S. Senate*. Mankato, MN: Creative Education, 2016.

Rose, Simon. *The House of Representatives*. New York, NY: AV2 by Weigl, 2015.

Sitios de Internet

Congress for Kids

congressforkids.net

¡Aprende más acerca del Congreso y cómo funciona el gobierno de Estados Unidos!

Sitios de Internet: Nota del editor a los educadores y padres: nuestro personal especializado ha revisado cuidadosamente estos sitios web para asegurarse de que son apropiados para los estudiantes. Muchos sitios web cambian con frecuencia, por lo que no podemos garantizar que posteriores contenidos que se suban a esas páginas cumplan con nuestros estándares de calidad y valor educativo. Tengan presente que se debe supervisar cuidadosamente a los estudiantes siempre que tengan acceso al Internet.

Índice